Direction générale : Gauthier Auzou
Responsable éditoriale : Marine Courvoisier
Édition : Élodie Condé
Auteur : Patrick David (attaché au Muséum national d'histoire naturelle de Paris)
Relecture scientifique : Emmanuelle Grundmann, primatologue et journaliste spécialisée dans le reportage animalier
Responsable artistique : Alice Nominé
Mise en pages : Yinan Chai
Fabrication : Yoann Le Berre
Relecture : Vscript
Crédits photographiques : Shutterstock, Fotolia, Biosphoto
Imprimé en Lettonie.
www.auzou.fr

# MON TRÈS GRAND ANIMALIER DU MONDE

## LES ANIMAUX D'AFRIQUE



## LES ANIMAUX D'ASIE



## LES ANIMAUX D'AMÉRIQUE



## LES ANIMAUX D'EUROPE



## LES ANIMAUX D'EUROPE (suite)



## LES ANIMAUX DES PÔLES



## LES ANIMAUX D'OCÉANIE



## LES ANIMAUX DES MERS ET DES OCÉANS

# LES ANIMAUX D'AFRIQUE

# LE GNOU BLEU

**Fiche d'identité**

Jusqu'à 280 kg

Jusqu'à 2,40 m de longueur

**Où vit-il ?**

**Le gnou bleu vit toujours en immenses troupeaux pouvant compter plus de 20 000 animaux !**

## Qui est-il ?

Le gnou bleu est un mammifère ruminant, comme la vache. Toutefois, bien qu'il soit grand et massif, ce n'est pas un bœuf, mais le cousin des antilopes.

## Où vit-il ?

Le gnou bleu n'habite que les grandes savanes de l'Afrique australe. Il ne supporte pas les forêts, car il a besoin d'espace pour courir. Ce ruminant ne mange que des herbes et des feuilles.

## Pourquoi migre-t-il ?

Chaque année, lorsque la saison sèche arrive, les troupeaux de gnous bleus entreprennent une longue migration pour gagner des régions humides riches en nourriture.

# LA GAZELLE DORCAS

## Fiche d'identité

De 15 à 20 kg

Environ 65 cm au garrot

Où vit-elle ?

## Qui est-elle ?

La gazelle dorcas est un mammifère herbivore au corps souple et agile : les mâles, comme les femelles, ont des cornes qui peuvent atteindre 25 à 28 cm de hauteur.

## Comment vit-elle ?

La gazelle dorcas vit en groupes d'environ 10 animaux. Pendant les heures chaudes, elle s'abrite à l'ombre des dunes ou des acacias.

## Comment est son pelage ?

Le pelage de la gazelle dorcas peut être brun clair, doré, gris ou noir. La partie inférieure de son corps est plus claire que la partie supérieure.

### Une fuite bien organisée

**La gazelle dorcas se défend en fuyant rapidement dans le désert, toujours en groupe, pour désorienter ses prédateurs.**

# L'ÉLÉPHANT D'AFRIQUE

L'éléphant d'Afrique utilise ses défenses d'ivoire pour combattre, fouiller la terre et arracher l'écorce des arbres.

## Fiche d'identité

Entre 6 et 7,7 t pour les mâles

Jusqu'à 4,10 m de hauteur

Où vit-il ?

## Qui est-il ?

L'éléphant d'Afrique est le plus grand mammifère terrestre. Pour se nourrir et boire, il se sert de sa trompe, un long nez courbé relié à sa lèvre supérieure. Ses larges oreilles sont toujours en mouvement.

## Comment vit-il ?

Il vit en troupeaux formés de femelles et de petits. Les mâles sont solitaires et se mêlent au groupe uniquement pour l'accouplement.

## Que mange-t-il ?

L'éléphant d'Afrique peut manger jusqu'à 260 kg de végétaux par jour, et passe 16 heures par jour à la recherche de nourriture. Un adulte avale jusqu'à 190 l d'eau par jour !

# L'HiPPOPOTAME

## Fiche d'identité

De 3,2 à 4,8 t

Environ 1,50 m de hauteur

Où vit-il ?

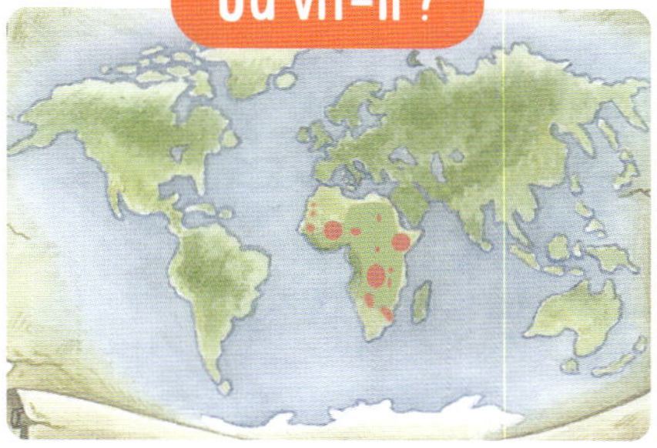

## Qui est-il ?

L'hippopotame est un mammifère de grande taille. Il a une grosse tête, un museau large, un corps long et des pattes courtes. Sa peau est épaisse et sans poils.

## Comment se comporte-t-il ?

Ses yeux, ses oreilles et son nez se trouvent sur la partie supérieure de sa tête. Ainsi, l'hippopotame peut sentir, voir et respirer tout en étant immergé. Cet animal est redoutable. Il est en voie de disparition.

## Comment s'accouple-t-il ?

Le mâle le plus fort s'accouple avec toutes les femelles du groupe et éloigne ses rivaux en ouvrant toute grande sa gueule et en émettant des cris aigus.

## Fringales nocturnes

**Pendant le jour, il se repose et nage. La nuit, il sort de l'eau, à la recherche d'herbe tendre qu'il broute pendant 6 heures d'affilée.**

# L'AUTRUCHE

**Fiche d'identité**

De 100 à 130 kg

Jusqu'à 2,75 m de hauteur

Où vit-elle ?

**Ses griffes et la puissance de ses pattes font de l'autruche une redoutable combattante. Ses longues et belles plumes ont longtemps été très recherchées et utilisées dans la fabrication de chapeaux.**

## Qui est-elle ?

L'autruche est le plus gros et le plus haut des oiseaux vivants. Son corps massif (gris ou noir) posé sur deux fortes pattes, sa tête perchée au sommet d'un long cou et ses grands yeux lui donnent un air majestueux.

## Où vit-elle ?

Elle parcourt les savanes et les grandes plaines sableuses d'Afrique. Incapable de voler, elle peut courir très vite, jusqu'à 75 km/h, et écarte les ailes quand elle parade.

## Comment vit-elle ?

L'autruche vit en groupe. Elle se nourrit de graines, de fruits et de petits animaux. Elle pond des œufs énormes, les plus gros de tous les œufs d'oiseaux, qui pèsent jusqu'à 1,5 kg.

# L'OKAPI

## Fiche d'identité

Jusqu'à 300 kg

De 1,50 à 1,65 m

Où vit-il ?

Bien que protégée depuis 1933, cette espèce reste menacée. Les spécialistes ont recensé 5 000 okapis vivant dans la réserve et environ 50 000 individus en tout, tous en République démocratique du Congo.

## Où vit-il ?

L'okapi ressemble à un zèbre, mais c'est un cousin de la girafe. Il habite les profondes forêts humides d'une petite partie du nord du bassin du Congo. Souvent solitaire, cet animal est très discret. Il se nourrit de feuilles.

## Pourquoi est-il menacé ?

Cet animal est naturellement rare ; on ne compte que 0,5 okapi par km$^2$. Surtout, l'okapi n'habite qu'une petite région, où sévissent le braconnage et de fréquentes guerres qui menacent sa survie.

## Comment peut-on le sauver ?

Les forêts habitées par l'okapi sont déjà des réserves naturelles protégées, mais il est très difficile de lutter contre le braconnage des animaux sauvages dans ces régions de l'Afrique.

# LA GiRAFE

## Qui est-elle ?

La girafe est le plus grand animal terrestre actuel ! Au sommet d'un cou allongé, sa tête est à plus de 5 m du sol. Son pelage est orné de grosses taches brunes. Grâce à ses grandes pattes, elle peut courir très vite.

## Que mange-t-elle ?

La girafe mange surtout les feuilles et les bourgeons des arbres, qu'elle saisit avec sa langue de 45 cm de long. Elle doit écarter ses pattes pour boire.

## Comment vit-elle ?

Elle habite les grandes savanes, qu'elle parcourt en troupeaux. Elle se déplace jusqu'à 55 km/h, en avançant en même temps les deux pattes d'un même côté.

Le nom latin de la girafe signifie « chameau tacheté ». Elle peut rester un mois sans boire. À sa naissance, son petit « tombe » de 2 m de haut !

### Fiche d'identité

De 1 à 2 t

Jusqu'à 5,80 m

Où vit-elle ?

# LE GORILLE DES MONTAGNES

**Fiche d'identité**

Jusqu'à 215 kg

Environ 2 m

Où vit-il ?

## Qui est-il ?

Le gorille des montagnes est un mammifère. C'est le plus grand de tous les singes. Son corps est puissant et le mâle est deux fois plus grand que la femelle.

## Où vit-il ?

Le gorille des montagnes habite dans les forêts des montagnes de la région des Grands Lacs d'Afrique orientale.

## Comment se comporte-t-il ?

Il vit en harem : un mâle entouré de plusieurs femelles et de leurs jeunes, qu'il protège. S'il se frappe parfois le torse, c'est lors d'une parade d'intimidation contre un autre mâle.

### Traqué jusqu'au bout

**Le gorille des montagnes est massacré en toute illégalité par des braconniers pour son crâne et ses mains, vendus comme des trophées de chasse.**

# LE GUÉPARD

**Fiche d'identité**

De 45 à 65 kg

Jusqu'à 2,50 m de longueur avec la queue (0,80 m)

**Où vit-il ?**

**Grâce à la puissance de ses pattes postérieures et à la structure de sa colonne vertébrale, c'est le plus rapide des félins. Il peut courir jusqu'à 110 km/h.**

## Qui est-il ?

Le guépard est un félin à la tête plutôt petite, aux membres longs et souples et une ligne noire entoure son museau. Son pelage est jaune tacheté de noir.

## Comment vit-il ?

Le guépard passe la majeure partie de son temps à faire le guet, à surveiller la savane en quête d'une éventuelle proie.

## Quand chasse-t-il ?

Il chasse le jour, lorsque les autres félins dorment. Il subit souvent des « vols » de proie de la part de hyènes ou de vautours.

# LE LÉOPARD

## Fiche d'identité

De 60 à 125 kg

Jusqu'à 2,80 m de longueur avec la queue (1 m)

Où vit-il ?

## Qui est-il ?

Le léopard est un félin fort avec une longue queue et un corps élancé.

## Comment chasse-t-il ?

Le léopard est un chasseur solitaire, surtout actif la nuit, et qui privilégie les petites proies.

## Comment est son pelage ?

La couleur du manteau du léopard est jaune clair ou jaune rouille, avec des taches noires de forme irrégulière qui le distinguent du jaguar.

### Repas en altitude

**Le léopard, une fois sa proie capturée, la porte en haut d'un arbre pour la manger en toute tranquillité.**

# LA HYÈNE TACHETÉE

## Qui est-elle ?

La hyène tachetée est une cousine du loup, comme le chacal. Avec sa grosse tête, ses longues pattes et son pelage tacheté, la hyène tachetée est aussi une cousine des félins.

## Comment vit-elle ?

La hyène tachetée vit toujours en bande de 10 à 20 adultes. Grâce à son pelage, elle se dissimule parfaitement dans les herbes sèches de la savane.

## Que mange-t-elle ?

Elle mange des charognes, mais c'est aussi un redoutable et puissant prédateur, qui s'attaque aux grands mammifères comme les buffles.

**La hyène tachetée n'est pas l'animal peureux que l'on décrit trop souvent. De tous les carnivores, c'est l'un de ceux dont les mâchoires sont les plus puissantes.**

### Fiche d'identité

De 40 à 88 kg

De 1,60 à 1,80 m de longueur

**Où vit-elle ?**

# LE FENNEC

## Fiche d'identité

1,5 kg

De 30 à 40 cm

Où vit-il ?

## Qui est-il ?

Le fennec est un mammifère qui ressemble à un petit renard aux grandes oreilles. Son épais pelage, couleur sable, le protège autant des nuits froides du désert que des sables brûlants.

## Quand boit-il ?

Étant donné la rareté de l'eau, le fennec s'habitue à boire peu : les liquides lui sont fournis dans les plantes dont il se nourrit.

## Est-ce un omnivore ?

Le fennec s'est bien acclimaté au désert, car c'est un omnivore. Il mange donc un peu de tout : des insectes, des reptiles ou des fruits.

## Des oreilles ultrasensibles

**Ses oreilles sont tellement sensibles qu'il peut percevoir les proies qui se trouvent sous la terre ou le sable. Comme elles sont très larges, elles dispersent également la chaleur corporelle.**

# LE LiON

## Fiche d'identité

De 170 à 215 kg

Jusqu'à 2,90 m de longueur avec la queue (90 cm)

Où vit-il ?

## Qui est-il ?

Le lion est le roi de la savane. Il a un corps agile et robuste, de fortes mâchoires avec des dents aiguisées. Il a des griffes pointues et une longue queue.

## Comment vit-il ?

Le lion vit en groupes formés de femelles et de mâles qui ont pour fonction de défendre le territoire, ainsi que leur groupe. Les petits sont élevés par la mère pendant 2 ans.

## Comment chasse-t-il ?

C'est la femelle qui chasse antilopes, gnous et autres proies pour le groupe. Elle saisit sa proie en la mordant à la gorge.

## La crinière au vent

**Le pelage du lion est de couleur fauve. Le mâle possède une épaisse crinière qui entoure sa tête, faite de poils plus sombres.**

# LE ZÈBRE

## Fiche d'identité

De 200 à 400 kg

Jusqu'à 2,80 m de longueur

Où vit-il ?

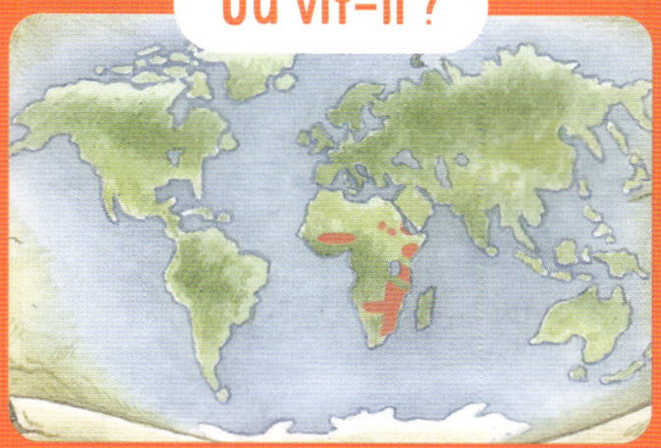

## Qui est-il ?

Le zèbre est un élégant mammifère qui vit en groupe. Il a un corps un peu plus trapu que celui du cheval et une crinière plus courte et hirsute.

## Comment est son pelage ?

Le pelage du zèbre est ras, avec un fond blanc et de longues rayures verticales noires qui lui permettent de se fondre parmi les herbes de la savane.

## Comment vit-il ?

Le zèbre vit en harmonie avec le gnou. Ils cherchent ensemble des pâturages et de l'eau, et s'entraident pour se défendre des prédateurs.

## Un féroce combattant

**Il aime les espaces ouverts et ensoleillés. Il est combatif, et s'il est menacé par des prédateurs, il réagit en les mordant et en donnant des coups de sabot.**

# LE SURICATE

## Qui est-il ?

Le suricate est un petit mammifère carnivore au corps agile, aux pattes courtes et à la longue queue ; grâce à son pelage ocre, il se dissimule bien dans les dunes du désert.

## Comment se comporte-t-il ?

Pendant que le groupe part à la chasse, certains suricates, en hauteur ou sur la cime d'un arbuste, dressés sur leurs pattes arrière et le cou allongé, montent la garde devant les tanières.

## Où vit-il ?

Le suricate vit en colonie, à l'intérieur de tanières creusées dans un terrain peu profond. Toutes les familles vivent ensemble en harmonie.

**Le suricate peut affronter des animaux plus gros que lui et « désarmer » les scorpions en coupant leurs aiguillons venimeux.**

### Fiche d'identité

De 500 g à 1 kg

De 45 à 55 cm avec la queue (20 cm)

Où vit-il ?

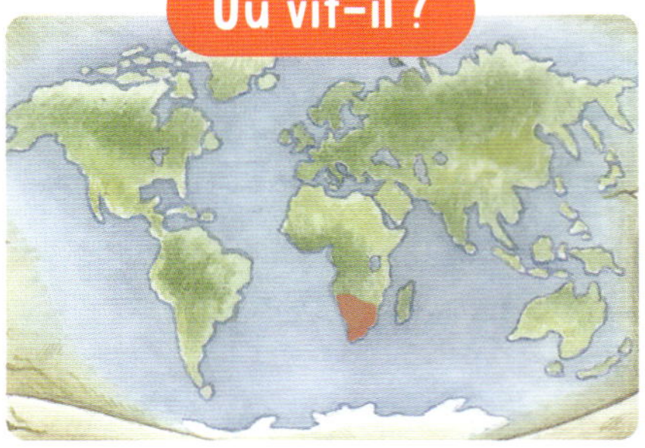

# LES ANIMAUX D'ASIE

# LE CHAMEAU

## Fiche d'identité

Environ 500 kg

Environ 2 m

Où vit-il ?

**Comme la girafe, le chameau a une démarche particulière : pour ne pas croiser les pattes, il avance en même temps les deux pattes d'un même côté.**

## Qui est-il ?

Le chameau est un mammifère qui possède deux bosses, de grands sabots, plusieurs touffes de poils sur les oreilles, de longs cils et d'étroites narines pour se protéger du sable.

## Comment est son pelage ?

Le chameau est recouvert d'un épais manteau de laine couleur marron qui le protège de la chaleur du jour et de la fraîcheur de lc nuit.

## Pourquoi a-t-il des bosses ?

Les deux bosses du chameau servent à emmagasiner les réserves de graisse (jusqu'à 36 kg) qu'il utilise lorsque la nourriture se fait rare.

# LE SCORPION DES FORÊTS

## Fiche d'identité

Quelques grammes

Jusqu'à 25 cm

### Danger en vue !

**Le scorpion des forêts injecte dans le corps de ses victimes, avec son aiguillon placé à l'extrémité de sa queue, un venin très puissant et paralysant.**

## Qui est-il ?

Le scorpion des forêts est un arachnide à l'abdomen allongé et aux pattes avant munies de grosses pinces. Il peut résister à des températures supérieures à 48 °C.

## Comment chasse-t-il ?

Le scorpion des forêts chasse des araignées, des mille-pattes et surtout des insectes auxquels il tend une embuscade pour les empoisonner ensuite grâce à son aiguillon.

## Comment vit-il ?

Le scorpion des forêts vit parmi les feuilles mortes et les racines des forêts tropicales humides. Il sort de son terrier la nuit pour chasser.

# LE PYTHON RÉTICULÉ

## Fiche d'identité

Environ 150 kg

De 4,50 à 6,50 m et jusqu'à 9,83 m

Où vit-il ?

**Le python n'est pas venimeux, mais il possède de grandes dents très aiguisées. Sa force et son mauvais caractère font du python réticulé un animal dangereux.**

## Qui est-il ?

Le python réticulé est le plus long serpent vivant. Le dos de ce python est orné de lignes noires, d'où son nom qui signifie « en forme de filet ».

## Où vit-il ?

Il vit aussi bien au plus profond des jungles tropicales qu'au bord des fleuves traversant les villes. Comme il ne s'active que la nuit, le python réticulé passe souvent inaperçu.

## Que mange-t-il ?

Ce serpent géant peut avaler de grosses proies, comme des porcs, mais il préfère s'attaquer à de petites proies comme des rats ou de gros oiseaux.

# LE VARAN DE KOMODO

### Fiche d'identité

Jusqu'à 135 kg

Jusqu'à 3,15 m de longueur

Où vit-il ?

**Cette espèce très menacée porte le nom de l'île où elle fut découverte en 1909. La nature venimeuse et mortelle de sa morsure ne fut découverte qu'en 2009...**

## Qui est-il ?

Le varan de Komodo n'est pas tout à fait le plus long des lézards, mais c'est le plus lourd. Sa longue tête cache de puissantes mâchoires aux dents acérées et une langue ressemblant à celle des serpents.

## Que mange-t-il ?

Le varan de Komodo se nourrit de sangliers, de cerfs. Il leur inflige une morsure venimeuse mortelle. L'animal mange aussi des carcasses de buffles qu'il trouve sur son chemin.

## Comment vit-il ?

Le varan de Komodo est un animal diurne, terrestre, bon grimpeur (lorsqu'il est petit) et bon nageur. Il est rapide et agressif. Ses longues griffes et ses dents peuvent infliger des blessures graves.

## Fiche d'identité

Jusqu'à 80 kg

Environ 1,40 m de hauteur

Où vit-il ?

# L'ORANG-OUTAN

## Que signifie son nom ?

Dans la langue malaise, son nom signifie « l'homme de la forêt ». Ce n'est pas une erreur. En effet, les zoologistes classent l'orang-outan dans la même famille que l'homme !

## Au cœur des forêts

**L'orang-outan souffre beaucoup de la destruction massive des forêts équatoriales. Il est aussi victime de la chasse.**

## Où vit-il ?

Ce grand singe ne vit que dans les profondes forêts équatoriales. Il passe sa vie dans les arbres, se déplaçant de branche en branche lentement, mais avec une agilité incroyable.

## Comment vit-il ?

Les mâles sont solitaires, les femelles vivent avec leurs petits. L'orang-outan se nourrit de feuilles, de fruits et de petits animaux. Il est très intelligent.

# LA PANTHÈRE DES NEIGES

## Qui est-elle ?

La panthère des neiges habite les forêts et les prairies des hautes montagnes d'Asie centrale, entre 2 000 et 6 000 m d'altitude. Son épaisse fourrure lui permet de résister au froid.

## Vit-elle en groupe ?

La panthère des neiges est très solitaire. Il n'y a pas plus d'un couple pour une vallée entière.

## Comment chasse-t-elle ?

Ce félin a besoin d'un vaste territoire. Il parcourt chaque jour une grande distance pour chasser ses proies, surtout de petits mammifères des montagnes.

**Avec moins de 6 000 individus sauvages, cette espèce très rare est menacée d'extinction. Elle a été décimée par une chasse intensive pour sa fourrure.**

### Fiche d'identité

Jusqu'à 55 kg

Jusqu'à 2,20 m de longueur avec la queue (90 cm)

Où vit-elle ?

# LE GRAND PANDA

### Fiche d'identité

Jusqu'à 120 kg

De 1,50 m à 1,80 m

Où vit-il ?

**Le grand panda a une vie solitaire. Les mâles et les femelles se retrouvent seulement pour l'accouplement.**

## Qui est-il ?

Le grand panda est un mammifère au corps trapu, cousin des ours. Il est blanc et noir, et en plus de ses 5 doigts, il a un os spécial au poignet dont il se sert comme d'un pouce.

## Que mange-t-il ?

Les pousses de bambou sont sa nourriture préférée. Malheureusement, les forêts de bambou se font de plus en plus rares. Pour cette raison, le grand panda risque de disparaître.

## Et ses petits ?

La femelle du grand panda met au monde deux petits, parfois trois, mais n'est capable d'en élever qu'un qui reste à ses côtés pendant 11 mois.

# LE TIGRE

## Le pro du camouflage

**Grâce à son pelage mimétique, le tigre se fond bien dans les savanes et les forêts tropicales. Il a des striures noires verticales sur une base jaune.**

## Qui est-il ?

Le tigre est un gros mammifère qui mène une vie solitaire. Il a un corps puissant, une grosse tête et une mâchoire d'acier. Il peut accomplir des sauts de 10 m.

## Où vit-il ?

Autrefois, le tigre habitait les forêts et les savanes de presque toute l'Asie centrale et orientale. Il aime beaucoup l'eau et grimpe facilement aux arbres.

## Comment chasse-t-il ?

Sur un vaste territoire qui peut s'étendre de 200 à plusieurs milliers de km² (pour les mâles), il se jette sur sa proie, la saisit entre ses crocs et l'étouffe.

### Fiche d'identité

Jusqu'à 300 kg

Jusqu'à 3,90 m de longueur avec la queue (1,10 m)

Où vit-il ?

# LE RHINOCÉROS INDIEN

## Qui est-il ?

Le rhinocéros indien est un mammifère au corps massif et trapu. Il a la peau dure, grisâtre et sans poils. Il voit très mal, mais son odorat est très développé.

## Comment vit-il ?

Il vit habituellement seul ou en groupe de quelques individus. Il broute les herbes et les plantes qu'il saisit avec sa longue langue. Des oiseaux se posent souvent sur son dos pour se nourrir des parasites de sa peau.

## Combien d'espèces de rhinocéros existe-t-il ?

Il existe cinq espèces de rhinocéros, dont deux ne vivent qu'en Afrique (le rhinocéros noir et le rhinocéros blanc), et trois en Asie (le rhinocéros indien, le rhinocéros de Java et le rhinocéros de Sumatra).

### Une corne, deux cornes

**Si le rhinocéros blanc d'Afrique a deux cornes, le rhinocéros indien n'en possède qu'une seule. Elle constitue une excellente arme de défense.**

### Fiche d'identité

De 1,6 à 2,7 t

Jusqu'à 3,80 m

Où vit-il ?

# LES ANiMAUX D'AMÉRiQUE

# LE PUMA

## Fiche d'identité

De 30 à 120 kg

Jusqu'à 2,90 m de longueur avec la queue (90 cm)

## Où vit-il ?

Le puma est un gros mammifère solitaire. Son corps est élancé et agile. On le connaît aussi sous le nom de « lion des montagnes » ou « couguar ».

## Comment chasse-t-il ?

Agile et rusé, il se dissimule parmi les roches pour repérer sa proie. Lorsqu'il en a capturé une, le puma la cache dans la neige.

## À quoi ressemble-t-il ?

Le puma a le poil ras marron roussâtre ou jaunâtre, les parties inférieures et le menton blancs, et les lèvres blanches et noires.

### Immenses territoires

**Les mâles occupent un territoire d'environ 280 km² qui, souvent, se superpose à celui des femelles, beaucoup plus petit (140 km²).**

# LE JAGUAR

## Qui est-il ?

Le jaguar est un félin qui ressemble au léopard, mais son corps est plus grand et plus massif et ses pattes sont plus courtes. Il ne vit que sur le continent américain.

## Comment est son pelage ?

Le pelage particulier du jaguar est de couleur jaune d'or et recouvert de taches sombres formant des « rosaces » au cœur clair.

## Quel est son territoire ?

Le jaguar chasse la nuit sur un territoire de 60 km² (pour les mâles). Il grimpe agilement dans les arbres d'où il se jette sur ses proies ou, plus souvent, les surprend, caché au sol.

### Amoureux de l'eau

**Comme c'est un excellent nageur, il préfère chasser dans des territoires où il y a de l'eau, car il y est plus à l'aise et aime s'y rafraîchir.**

### Fiche d'identité

De 50 à 155 kg

De 1,80 à 2,70 m de longueur avec la queue (env. 75 cm)

Où vit-il ?

# LE RATON LAVEUR

## Fiche d'identité

De 4 à 9 kg

De 60 cm à 105 cm de longueur avec la queue (env. 25 cm)

Où vit-il ?

**Le raton laveur accumule des réserves de graisse qu'il utilise en période hivernale, mais ce n'est pas une véritable hibernation.**

## Qui est-il ?

Le raton laveur est un mammifère au manteau grisâtre, avec un « masque » sombre autour des yeux. Sa queue, rayée de noir et de gris-jaune, mesure 25 cm.

## S'adapte-t-il facilement ?

Le raton laveur est un animal qui s'adapte à tous les milieux et qui peut même survivre dans les jardins situés à la périphérie des villes.

## D'où vient son nom ?

Le raton laveur est appelé ainsi, car il a l'habitude de tremper et frotter avec beaucoup de soin sa nourriture dans l'eau. En réalité, ses pattes étant plus agiles lorsqu'elles sont mouillées, il s'assure ainsi que sa nourriture ne lui échappe pas.

# LE CASTOR AMÉRICAIN

## Fiche d'identité

De 15 à 35 kg

De 90 cm à 1,20 m

Où vit-il?

## Comme dans un bateau

**La queue du castor américain est plate, poilue et recouverte d'écailles. Il l'utilise comme gouvernail lorsqu'il est dans l'eau.**

## Qui est-il ?

Le castor américain est un rongeur qui s'est adapté à la vie aquatique. Il a un corps fuselé, de grands yeux, des pattes et des griffes robustes. Sa queue épaisse mesure environ 15 cm.

## Où vit-il ?

Le castor américain construit sa tanière près de l'eau, avec de nombreuses branches mélangées à de la boue. Protégé de l'extérieur par une digue souvent immense, son refuge est à moitié dans l'eau et l'entrée se situe sous l'eau.

## Comment utilise-t-il ses incisives ?

Ses incisives fortes et pointues permettent au castor américain de ronger circulairement les troncs des arbres, jusqu'à les abattre. Elles poussent tout au long de sa vie.

# LE GRIZZLI

## Qui est-il ?

Le grizzli, de la même espèce que l'ours brun européen, est une sous-espèce du continent nord-américain. C'est un mammifère au corps et à la tête massifs. Son pelage va du gris clair au brun. Malgré sa masse imposante, il est agile et réussit à se tenir sur ses pattes arrière.

## Comment se comporte-t-il ?

Le grizzli est un animal solitaire. Il adore l'eau et passe beaucoup de temps dans les fleuves riches en saumons, où il se baigne et se procure de la nourriture.

## Comment chasse-t-il ?

La nuit, pour trouver sa nourriture, le grizzli se sert de son odorat très développé. Avec les longues griffes de ses pattes antérieures, il s'attaque aux élans, aux caribous, aux chèvres des Rocheuses et aux cerfs. Cet ours mange aussi des végétaux, des poissons, du miel et de nombreux petits animaux.

**En automne, le grizzli mange beaucoup, de façon à accumuler des réserves de graisse qui lui serviront pour sa longue hibernation à l'abri dans sa tanière.**

### Fiche d'identité

De 500 à 750 kg

Jusqu'à 2,50 m

Où vit-il ?

# LE LYNX DU CANADA

### Fiche d'identité

Jusqu'à 17 kg

De 90 cm à 1,10 m

Où vit-il ?

## Qui est-il ?

Le lynx du Canada est un félin adapté aux grands froids. Sa fourrure est épaisse et de grosses touffes de poils sur ses pattes l'empêchent de s'enfoncer dans la neige. Sa queue est courte et ses oreilles présentent de curieuses touffes de poils.

## Comment fait-il sa cour ?

Les mâles émettent des sons très aigus, semblables à des lamentations. À leur tour, les femelles répondent à leurs appels par de petits hurlements.

## Comment vit-il ?

Solitaire, il parcourt la forêt boréale à la recherche de ses proies. En hiver, le lynx du Canada doit sillonner un vaste espace pour trouver de quoi combler sa faim.

### Attaque silencieuse

**Silencieux, très agile et doté d'une vue perçante, il repère sa proie, rampe vers elle et l'attrape d'un bond rapide.**

# LE BISON D'AMÉRIQUE

## Fiche d'identité

Jusqu'à 1,11 t

Environ 3,50 m de longueur

Où vit-il ?

### À l'aise dans l'herbe

**Les troupeaux de bisons d'Amérique se déplaçaient dans les grandes prairies d'Amérique du Nord. De nos jours, le bison d'Amérique vit dans des élevages et dans quelques réserves.**

### Qui est-il ?

Le bison d'Amérique est un mammifère ruminant, cousin de la vache. Ses longs poils, sa tête énorme et son puissant poitrail en font un animal impressionnant.

### Comment vit-il ?

Autrefois, les bisons d'Amérique formaient de gigantesques troupeaux, comptant jusqu'à plusieurs centaines de milliers d'animaux. Ce ruminant ne se nourrit que d'herbe.

### Est-il menacé ?

Le bison d'Amérique a été presque entièrement décimé à la fin du XIX$^{e}$ siècle par les colons américains pour affamer les Indiens. Ses populations sauvages comptent désormais environ 40 000 individus.

# LE CARIBOU

## Fiche d'identité

Jusqu'à 320 kg

Environ 2,10 m de longueur

Où vit-il ?

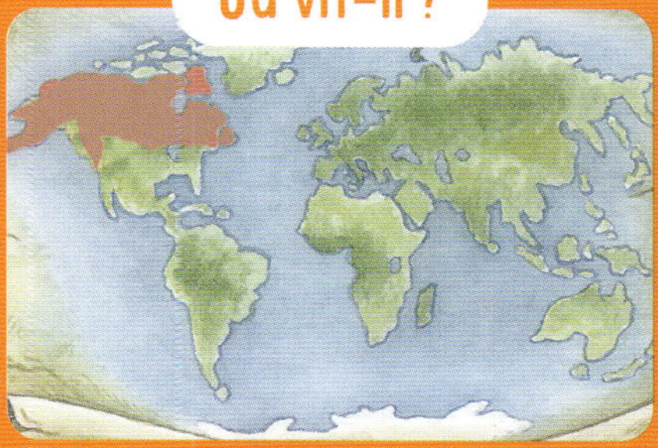

**Ses poils le protègent du froid. Certains caribous migrent sur plus de 2 000 kilomètres pour échapper au froid polaire.**

## Qui est-il ?

Le caribou est un grand cervidé au pelage grisâtre. Ses sabots très larges et poilus lui permettent de marcher sur la neige. Ses bois sont très développés.

## Comment vit-il ?

Le caribou vit en troupeau de milliers d'individus qui se déplacent selon les saisons. L'été, il se nourrit d'herbe et de feuilles. En hiver, il s'alimente de lichens.

## Pourquoi ressemble-t-il au renne ?

Il s'agit du même animal ! Le « caribou » est le nom donné au renne en Amérique du Nord. Le renne vit dans les régions froides du nord de l'Europe et de l'Asie.

# LE PYGARGUE À TÊTE BLANCHE

## Qui est-il ?

Ce superbe rapace est plus connu sous le nom d'« aigle d'Amérique ». Son bec crochu, sa tête d'un beau blanc pur et ses longues ailes lui donnent une allure majestueuse. Cet oiseau géant est l'un des emblèmes des États-Unis.

## Où vit-il ?

Le pygargue à tête blanche habite les régions parsemées de grands lacs, les berges des grands fleuves, les estuaires et les côtes maritimes.

## Comment vit-il ?

Le pygargue à tête blanche fait son nid sur de grands arbres, d'où il part chasser surtout de gros poissons, comme les saumons. C'est un rapace pêcheur.

### Loin des villes

**Ce rapace vit souvent en couple, mais il est très peureux et vit dans les endroits les plus sauvages, toujours loin des villes.**

### Fiche d'identité

Jusqu'à 7,5 kg

Jusqu'à 95 cm de hauteur et 2,45 m d'envergure

Où vit-il ?

# LE TOUCAN À CARÈNE

## Fiche d'identité

De 500 à 700 g

De 45 cm à 1 m

Où vit-il ?

## Qui est-il ?

Le toucan à carène est un oiseau au corps trapu, aux ailes assez petites et au bec très imposant de couleur rouge, jaune, verte, orange, bleu ciel et bleu foncé qu'il utilise comme cisailles.

## Comment se nourrit-il ?

La forme allongée et recourbée de son bec lui permet d'attraper des fruits qui se trouvent sur des branches très minces qui ne pourraient pas supporter son poids.

## Comment communique-t-il ?

Les couleurs vives de leur bec permettent aux toucans à carène de se reconnaître, de communiquer entre eux et de se distinguer des nombreux autres oiseaux des forêts tropicales.

## Le toucan le plus étrange

**Le toucan toco.**
**C'est un toucan très agile, malgré son bec énorme, de couleur jaune orangé, qui mesure un tiers de son corps.**

# L'ANACONDA GÉANT

## Fiche d'identité

Jusqu'à 200 kg

De 5 à 8,55 m

Où vit-il ?

**Cette espèce ne pond pas d'œufs, mais donne naissance à une centaine de serpenteaux. Dans une langue indienne, son nom signifie « Dieu du fleuve ».**

## Qui est-il ?

L'anaconda géant est de la famille des boas. Massif, c'est le plus gros serpent vivant. Son corps puissant est d'une force redoutable. Il n'est pas venimeux, mais sa gueule est garnie d'une centaine de dents.

## Que mange-t-il ?

Il se nourrit de poissons, d'oiseaux et de mammifères qu'il étouffe. Il peut avaler de grosses proies, comme des pécaris et des caïmans.

## Comment vit-il ?

L'anaconda géant habite les fleuves et les marais du bassin amazonien. Très aquatique, excellent nageur, il grimpe aussi sur les branches surplombant l'eau.

# L'iGUANE VERT

## Qui est-il ?

L'iguane vert est un grand lézard arboricole d'un beau vert feuille. Sa queue est très longue. Le mâle possède une grande crête sur le dos, mais ses épines ne piquent pas.

## Comment vit-il ?

On le voit souvent sur les branches surplombant les cours d'eau. L'iguane vert est végétarien. Il recherche les meilleures feuilles des arbres de la forêt.

## Comment se défend-il ?

S'il est menacé, l'iguane vert se sert de sa longue queue comme d'un fouet, mais comme beaucoup de lézards, il peut la perdre lorsqu'il se fait attraper par un prédateur. Ses griffes sont également très puissantes.

**L'iguane vert n'est actif que la journée. Très rapide, il peut plonger dans une rivière à la moindre alerte. Les Indiens le chassent pour sa chair qu'ils consomment.**

## Fiche d'identité

De 4 à 8 kg

De 1,50 à 1,80 m

Où vit-il ?

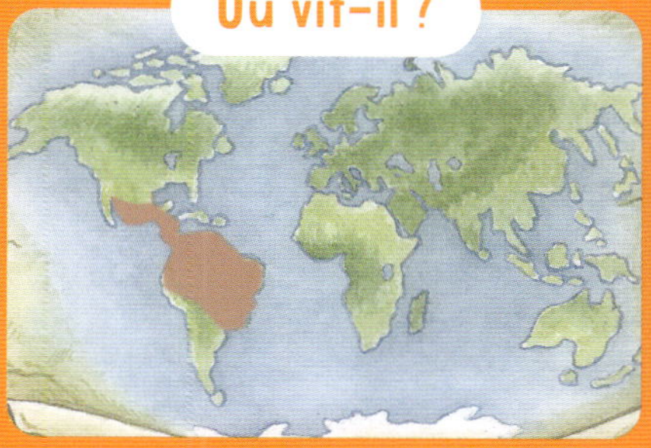

# LE LAMA

## Qui est-il ?

Avec son épaisse fourrure laineuse qui le protège du froid, le lama ressemble à un mouton. C'est en fait un cousin américain des dromadaires et des chameaux.

## Où habite-t-il ?

Le lama habitait autrefois toutes les montagnes des Amériques. Aujourd'hui, il n'est élevé que dans les montagnes des Andes, entre 2 300 et 4 000 m.

## Comment vit-il ?

Le lama ne vit plus à l'état sauvage : c'est un animal domestique depuis des siècles. Il est élevé pour sa laine et sa chair. Il se nourrit d'herbe.

**S'il est importuné, un lama crache vers son adversaire un puissant jet liquide constitué du contenu de son estomac…**

### Fiche d'identité

Jusqu'à 135 kg

Jusqu'à 1,60 m

Où vit-il ?

# LES ANiMAUX D'EUROPE

# L'AIGLE ROYAL

**Fiche d'identité**

De 3 à 6,5 kg

Jusqu'à 2,20 m d'envergure

Où vit-il ?

**Depuis l'Antiquité, l'aigle royal est considéré comme le symbole de la force et du courage. Il est devenu le roi des oiseaux. Ce grand rapace n'attaque pas l'homme.**

## Qui est-il ?

L'aigle royal est un superbe rapace. Son bec crochu, ses serres très aiguisées et ses longues ailes garnies de plumes effilées lui donnent une allure majestueuse. La couleur de son plumage varie avec l'âge.

## Comment vit-il ?

Ce rapace habite surtout les montagnes. Il chasse le jour, grâce à son regard perçant. L'aigle royal vit en couple. Son nid est souvent situé sur une paroi inaccessible.

## Que mange-t-il ?

L'aigle royal est un redoutable prédateur qui se nourrit surtout de mammifères et d'autres oiseaux. Il peut capturer un mouton ou un petit chamois. Il est carnivore.

# LE HIBOU GRAND-DUC

## Fiche d'identité

De 1,5 à 4,2 kg

70 cm d'envergure
Jusqu'à 1,80 m

Où vit-il ?

### Effrayant malgré lui

**On dit que les hiboux portent malheur. C'est faux, bien sûr. Leur cri sinistre peut faire peur la nuit, mais ces superbes oiseaux sont inoffensifs. Cette espèce est menacée.**

## Qui est-il ?

Le hibou grand-duc est un rapace qui a un corps trapu. On le reconnaît à ses aigrettes (les deux touffes de plumes brun-noir sur sa tête), ses grands yeux orange et son plumage jaune grisâtre ou roussâtre.

## Comment voit-il ?

Le hibou grand-duc a un champ de vision très vaste, car sa tête peut tourner sur elle-même sans qu'il bouge le reste de son corps. De plus, il voit bien la nuit.

## Comment vit-il ?

Le hibou grand-duc chasse toujours la nuit. C'est un habile prédateur ; il vole bas pour capturer ses proies, surtout de petits mammifères et des oiseaux. Ce grand oiseau s'attaque même parfois aux renards

# LE CHAMOIS

## Qui est-il ?

Le chamois est un mammifère aux cornes courtes, crochues et noires. Son corps est souple et son pelage est épais et rêche. Il est noir en hiver et plus clair en été. Ses cornes ne sont pas lisses.

## Comment vit-il ?

Il est très agile grâce à ses sabots très fins et adaptés à la montagne. Il a une ouïe et un odorat très développés.

## Comment mâles et femelles s'attirent-ils ?

Derrière ses cornes, le chamois dispose de glandes odoriférantes qui diffusent des substances spéciales en période d'accouplement.

## Saute-chamois

**Ils suivent leur mère dès la naissance, et après quelques jours, ils sautent déjà de roche en roche.**

## Fiche d'identité

De 25 à 62 kg

De 1,25 à 1,35 m

Où vit-il ?

# LE CERF ÉLAPHE

## Fiche d'identité

De 100 à 350 kg

De 1,50 à 2,60 m

Où vit-il ?

## Qui est-il ?

Le cerf élaphe est un mammifère ruminant au corps agile, aux pattes souples et minces. Il vit en groupe de 20 à 30 individus, afin de se protéger des attaques des prédateurs.

## Comment sont ses cornes ?

Seuls les mâles ont des cornes appelées « bois », qu'ils perdent au printemps. Trois mois plus tard, ils auront repoussé. Ils peuvent atteindre jusqu'à 90 cm de hauteur.

## Comment vit-il ?

Les mâles et les femelles vivent en groupes séparés et se retrouvent uniquement pendant la période d'accouplement. Les petits vivent avec les femelles.

# LE HÉRISSON

## Fiche d'identité

De 400 g à 1,5 kg

De 25 à 30 cm

Où vit-il ?

## Un nid bien douillet

**Le hérisson prépare sa tanière avec des feuilles, et lorsqu'en hiver la température descend sous les 10 °C, il hiberne.**

## Qui est-il ?

Le hérisson est un mammifère dont la peau du dos est garnie de 5 000 à 7 000 piquants, orientés dans toutes les directions et longs de 2 à 3 cm.

## Comment se défend-il ?

Le hérisson a des muscles sous la peau qui lui permettent de se mettre en boule et de protéger ainsi son corps en montrant ses piquants.

## Comment vit-il ?

Le hérisson sommeille jusqu'au soir dans sa tanière (trou, buisson, tas de feuilles), et lorsque la nuit arrive, il sort et part à la recherche de nourriture. Il mange des insectes, de petits rongeurs, des grenouilles, des serpents, ainsi que des baies et des vers de terre.

# LE PUTOIS

## Fiche d'identité

De 800 g à 1,5 kg

De 50 à 69 cm avec la queue (15 à 18 cm)

Où vit-il ?

Le furet a été domestiqué il y a plus de 2 500 ans. Les Grecs et les Romains, puis nos ancêtres du Moyen Âge l'avaient déjà adopté comme animal de compagnie. Très joueur, il vit en moyenne 10 ans et au maximum 17 ans.

## Qui est-il ?

Le putois est un mammifère carnivore. Quand il est domestiqué, on l'appelle « furet ». On le reconnaît à son corps très allongé, à sa queue touffue, à ses courtes pattes et à sa tête dotée d'un museau pointu et clair. Il est plus grand que sa cousine la belette.

## Comment vit-il ?

Le putois est un animal nocturne qui vit dans les forêts et les bocages. Il se nourrit de petits animaux. Il est très méfiant et difficile à observer. Son odeur est très forte.

## Est-il un bon compagnon ?

Très curieux et plein de vie, le furet adore jouer, mais il dort au moins 16 heures par jour. On le nourrit avec des aliments spéciaux pour furets. Attention, il peut mordre.

# L'ÉCUREUIL ROUX

## Qui est-il ?

L'écureuil roux est un rongeur au corps fuselé, aux grands yeux, aux pattes et aux griffes robustes, et aux incisives développées. Sa queue est très touffue.

## Comment vit-il ?

L'écureuil roux vit dans les arbres, mais il descend souvent au sol. Il passe l'hiver à hiberner dans sa tanière, après avoir fait d'importantes provisions.

## Que mange-t-il ?

L'écureuil roux passe beaucoup de temps à chercher de quoi manger. On le voit souvent gratter le sol pour déterrer des graines. Il est très vorace et apprécie beaucoup les noisettes !

Très agile et rapide, l'écureuil roux utilise sa grosse queue touffue comme un balancier pour se promener sur les branches et pour avertir ses compagnons des dangers.

### Fiche d'identité

Jusqu'à 600 g

De 40 à 45 cm avec la queue (15 à 20 cm)

Où vit-il ?

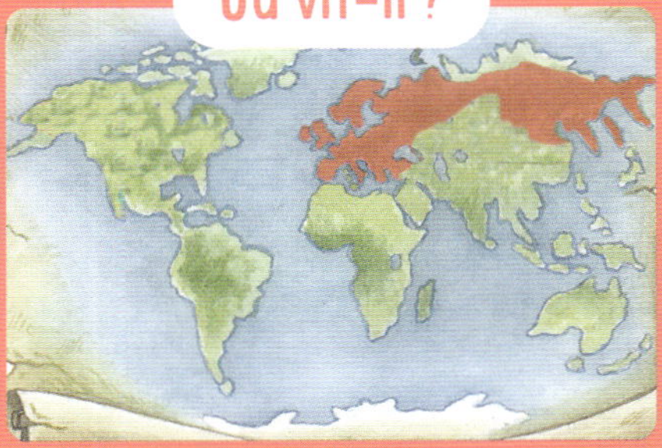

# LA MARMOTTE DES ALPES

### Fiche d'identité

De 3 à 5 kg

Jusqu'à 70 cm avec la queue (20 cm)

Où vit-elle ?

## Qui est-elle ?

La marmotte des Alpes est un petit mammifère rongeur au pelage marron. Sa queue est noire. Ses dents, tranchantes, sont très grandes et croissent toute sa vie, comme chez tous les rongeurs.

## Comment survit-elle ?

Sans nourriture, son corps réduit au minimum ses fonctions vitales : le cœur ralentit jusqu'à quatre battements par minute, temps pendant lequel elle ne respire qu'une seule fois.

## Quel est son comportement ?

Les marmottes des Alpes sortent toutes ensemble, certaines vont se procurer de la nourriture pendant que d'autres montent la garde autour de la tanière. Elles mangent de l'herbe, des graines et des racines.

### Architecte de tanières

**Au printemps, la marmotte des Alpes construit une tanière de 10 m de longueur et 3 m de profondeur. En hiver, elle hiberne pendant 6 mois.**

# LE RENARD ROUX

## Qui est-il ?

Le renard roux est un mammifère canidé, cousin des loups et des chiens domestiques. Très agile et rapide, il possède un museau pointu, une longue queue, un pelage épais et de grandes oreilles.

## Comment vit-il ?

Il vit dans la forêt, mais s'adapte très bien à tous les milieux et peut s'aventurer jusqu'à la périphérie des villes, à la recherche de nourriture.

## Comment est son pelage ?

Le pelage du renard roux est épais, avec des poils hirsutes. Sa couleur varie du gris au brun roux (la plus commune). La partie inférieure de sa gueule est blanche.

### Fiche d'identité

De 4 à 7 kg

Jusqu'à 1,10 m avec la queue (30 à 45 cm)

Où vit-il ?

**Le renard roux se nourrit principalement de petits mammifères, d'oiseaux, d'œufs, de poissons, de baies et parfois de poules !**

# LE LIÈVRE

## Fiche d'identité

Jusqu'à 5 kg

Jusqu'à 75 cm

Où vit-il ?

Grâce à ses pattes postérieures très longues et musclées, cet animal peut atteindre 70 km/h et effectuer de grands bonds !

## Qui est-il ?

Le lièvre n'est pas un lapin sauvage, c'est un animal différent qui ne peut être élevé en captivité. Il est plus gros que le lapin et ses oreilles sont plus longues. Sa fourrure est rousse.

## Comment vit-il ?

Le lièvre vit seul ou en couple. Sa femelle s'appelle la hase. Il se nourrit d'herbes et de plantes.

## Où habite-t-il ?

Le lièvre vit dans les champs, les prairies et les landes. Il ne creuse pas de terrier, mais s'abrite dans une simple cachette au sol, que l'on appelle un gîte.

# LE LOUP

**Fiche d'identité**

Jusqu'à 90 kg

Jusqu'à 2 m de longueur avec la queue (env. 50 cm)

**Où vit-il ?**

## Est-il de la même famille que le chien ?

Le chien descend de l'une des nombreuses formes de loup. Le loup et le chien sont donc de très proches parents, mais il est difficile de domestiquer un loup.

## Où vit-il ?

Le loup habite surtout les profondes forêts des plaines et des montagnes de tout l'hémisphère Nord. Il est encore commun dans beaucoup de régions d'Europe.

## Est-il dangereux ?

Le loup est un puissant carnivore qui se nourrit d'animaux sauvages. Toutefois, s'il est affamé, il peut attaquer les troupeaux de moutons et aussi les hommes, mais il est très peureux.

### Chasse groupée

**Le loup vit dans une meute de 3 à 30 animaux. Les loups chassent à plusieurs pour mieux encercler et maîtriser leur proie.**

# LA GRENOUiLLE VERTE

## Fiche d'identité

Jusqu'à 25 g

Jusqu'à 12 cm de longueur

Où vit-elle ?

À la saison des amours, les mâles chantent bruyamment, puis la femelle pond des centaines d'œufs. Les têtards qui en éclosent vont se transformer en petites grenouilles.

## Qui est-elle ?

La grenouille verte est un amphibien, c'est-à-dire qu'elle vit aussi bien dans l'eau que sur la terre ferme. Il existe plusieurs milliers d'espèces de grenouilles.

## Est-elle agile ?

La grenouille verte est une championne du saut et de la nage ! À la moindre alerte, elle plonge et se cache au fond de l'eau.

## Comment vit-elle ?

La grenouille verte, très aquatique, passe beaucoup de temps dans l'eau, mais elle se chauffe au soleil ou chasse des insectes sur les berges des mares, des étangs et des rivières calmes.

# LE SANGLiER

## Qui est-il ?

Le sanglier est un mammifère omnivore. Il a un corps trapu, une peau dure et des poils très rêches : les soies. Il est muni de petites défenses recourbées. Le sanglier est très proche du cochon, mais ce n'est pas son ancêtre direct.

## Peut-il être utile ?

Même s'il peut causer de nombreux dommages dans les champs cultivés et dans les prés, le sanglier est utile, car il se nourrit notamment de larves de nombreux insectes nuisibles qui ravagent les récoltes.

## Comment vit-il ?

Il vit en groupe avec les femelles et les petits. Il sort de sa tanière, la nuit, à la recherche de nourriture (surtout des glands), guidé par un odorat et une ouïe infaillibles.

### Marcassins du printemps

**Les petits, appelés « marcassins », naissent entre mars et avril, dans des coins à l'abri des bois. Leur pelage est rayé pour pouvoir se fondre dans l'environnement.**

### Fiche d'identité

De 60 à 220 kg

Jusqu'à 1,80 m avec la queue (30 cm)

Où vit-il ?

# LES ANiMAUX DES PÔLES

# LE PHOQUE GRiS

## Fiche d'identité

De 170 à 390 kg

Jusqu'à 3,30 m

Où vit-il ?

## Qui est-il ?

Le phoque gris est un mammifère au corps fuselé, avec de courtes nageoires postérieures et une épaisse couche de graisse qui lui permet de se protéger du froid.

## Comment chasse-t-il ?

Le phoque gris s'immerge dans l'océan pour attraper les poissons. Il fait un trou dans la glace afin de respirer.

## Comment se comporte-t-il ?

Le phoque gris réussit à passer beaucoup de temps sous l'eau, car son cœur ralentit ses battements, en oxygénant seulement les tissus et les organes les plus importants.

## Blanc sur blanc

**À la naissance, les petits du phoque gris ont un pelage complètement blanc qui leur permet de se fondre parfaitement avec la glace.**

# L'ÉLÉPHANT DE MER

## Fiche d'identité

Jusqu'à 3,8 t

Jusqu'à 5,95 m

Où vit-il ?

## Qui est-il ?

L'éléphant de mer est un mammifère qui présente, chez le mâle, un nez fort et court. Il a un corps massif de couleur grise.

## Comment se défend-il ?

Il menace, courbe le dos en « U » pour intimider les autres mâles et s'assurer de sa prédominance sur le groupe.

## Pourquoi s'immerge-t-il ?

L'éléphant de mer peut s'immerger dans les eaux gelées jusqu'à 100 m de profondeur pour y pêcher des raies, des seiches et des crustacés.

### Un nez qui résonne

**Il utilise son gros nez comme caisse de résonance, mais celui-ci n'enfle pas, contrairement à d'autres espèces comme le phoque à capuchon.**

# LE BŒUF MUSQUÉ

### Fiche d'identité

Jusqu'à 420 kg

Environ 2,50 m

## Qui est-il ?

Le bœuf musqué est un mammifère au corps puissant avec d'énormes cornes. Il a un poil long, laineux, de couleur brun foncé.

## Comment vit-il ?

Son pelage, très isolant, le protège bien du froid. Cependant, lorsqu'il est humide, il se durcit avec le gel et empêche tout mouvement, ce qui le rend plus vulnérable.

## Comment se défend-il ?

Lorsque le groupe est menacé, il forme un cercle autour des petits et des femelles, et se prépare à affronter l'ennemi avec ses longues cornes pointues.

### Des petits débrouillards !

**Lorsqu'ils ont 3 jours, les petits suivent déjà le troupeau, et après une semaine, ils sont en mesure de se nourrir et de brouter seuls.**

# L'OURS POLAIRE

La femelle creuse sa tanière sur une pente ; ainsi, la neige s'accumule à l'extérieur en l'isolant sans la bloquer.

## Qui est-il ?

L'ours polaire est le plus gros et le plus fort des mammifères de l'Arctique. Il a une épaisse fourrure blanc crème qui le protège du froid et qui lui est utile pour se fondre dans le paysage lorsqu'il chasse. Si son pelage est blanc, sa peau, elle, est noire.

## Fiche d'identité

De 500 à 800 kg, jusqu'à 1,1 t

Jusqu'à 2,50 m

Où vit-il ?

## Comment se comporte-t-il ?

L'ours polaire est agile et rapide. C'est un solitaire. C'est un très bon nageur et il peut rester immergé dans l'eau gelée pendant 2 minutes.

## Comment chasse-t-il ?

Il s'aplatit comme un chat, glisse furtivement sur la banquise et se lance sur sa proie avant qu'elle ne puisse s'échapper. Il chasse notamment les phoques.

# LE MANCHOT EMPEREUR

## Fiche d'identité

De 15 à 45 kg

Environ 1,20 m

Où vit-il ?

## Qui est-il ?

Le manchot empereur est un oiseau marin qui, au cours de son évolution, a perdu la capacité de voler et s'est adapté à la vie aquatique. Ses ailes se sont transformées en nageoires qui lui permettent d'aller dans l'eau.

## Comment vit-il ?

Il vit en groupe et communique en faisant de grands bruits. Il couve son unique œuf debout sur ses pattes, en le recouvrant avec les plis de sa peau.

## Comme manchot et pingouin

**Le manchot empereur a le pelage noir sur le dos et blanc sur la poitrine et la gorge. Il existe de nombreuses autres espèces de manchots, qu'il ne faut pas confondre avec le petit pingouin qui, lui, peut voler.**

## Comment se comporte-t-il ?

Pour rester au chaud pendant les tempêtes, les manchots empereurs se rassemblent en rangées concentriques. Les animaux des rangées internes échangent ensuite leur place avec ceux des rangs externes.

# LE HARFANG DES NEIGES

## Fiche d'identité

De 1,5 kg à 2,5 kg

De 60 à 70 cm

Où vit-il ?

Son plumage est blanc et noir. En hiver, il devient d'un blanc immaculé pour se fondre dans la neige et éviter les prédateurs.

## Qui est-il ?

Le harfang des neiges est un oiseau diurne. Son envergure peut atteindre 1,75 m et ses pattes (ainsi que son bec) sont recouvertes de plumes épaisses qui le protègent du froid.

## Où construit-il son nid ?

Le harfang des neiges vit dans les terres arctiques. Il a l'habitude de construire son nid sur la terre nue, entre des massifs recouverts de mousse.

## Comment chasse-t-il ?

Le harfang des neiges, à la différence des autres espèces de chouettes, chasse essentiellement le jour. Il repère sa proie, puis l'attrape grâce à ses serres robustes.

# LE MORSE

## Fiche d'identité

De 800 kg à env. 2 t

De 2,20 à 3,60 m

## Qui est-il ?

Le morse est un mammifère trapu et massif. Mâles et femelles possèdent tous deux des défenses.

## Comment vit-il ?

Il vit en groupes très importants, sur les rives de l'Arctique. Les femelles vivent avec les petits, elles sont séparées des mâles et ne les retrouvent que pour l'accouplement.

## À quoi lui servent ses défenses ?

Ce sont en réalité ses canines supérieures : longues d'environ 1 m, elles se révèlent utiles pour se déplacer sur la glace et pour se défendre.

### La peau rose

**Au soleil, sa peau brunâtre devient rose, car ses vaisseaux sanguins se dilatent dans le but de disperser la chaleur corporelle.**

# LE NARVAL

## Fiche d'identité

Jusqu'à 1,6 t

Jusqu'à 5,50 m sans la défense

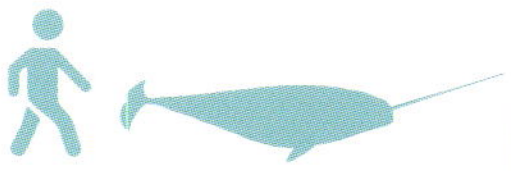

**Où vit-il ?**

## Qui est-il ?

Le narval est un gros mammifère marin de la famille des baleines. On le reconnaît à la longue défense torsadée des mâles, qui peut atteindre 3 m de long.

## Où vit-il ?

Le narval ne vit que dans les eaux glacées de l'océan Arctique et des mers voisines, couvertes par la banquise une partie de l'année.

## À quoi lui sert sa corne ?

La corne du narval est en fait une dent très longue qui lui sert à se repérer dans les eaux profondes qu'il affectionne. On pense que cette longue défense a donné naissance à la légende de la licorne.

### Colonies de narvals

**Ce mammifère sociable vit en colonies de 4 à 20 individus. Le narval se nourrit surtout de gros poissons, de calmars et de pieuvres.**

# LE BÉLUGA

## Fiche d'identité

Jusqu'à 1,8 t

Jusqu'à 5,50 m

Où vit-il ?

### Qui est-il ?

Le béluga est une petite baleine. Ce mammifère marin de couleur gris très pâle, presque blanc, possède une grosse tête bombée surmontée d'une bosse.

### Comment vit-il ?

Comme la plupart des baleines, le béluga vit en petits groupes de 5 ou 6 individus. Il se nourrit de poissons, comme des morues ou des saumons, et de calmars.

### Trop chassé

**Comme beaucoup d'espèces de baleines, le béluga est menacé à la suite d'une chasse excessive.**

### Où vit-il ?

Le béluga vit dans les océans et les mers baignant l'Arctique. On le voit souvent nager entre les énormes blocs de glace, au large ou près des côtes. En été, il préfère les eaux côtières plus chaudes.

# LES ANIMAUX D'OCÉANIE

# LE KANGOUROU GRiS

## Comment vit-il ?

Dans les prairies sèches de l'Australie, les kangourous gris vivent en groupes de 4 à 12 individus. Les mâles se battent pendant la période de reproduction.

## Comment naît-il ?

La maman met au monde un seul bébé au bout de 33 à 36 jours. Sans poils, il est minuscule et tout rouge. Il rejoint en quelques minutes une poche située sur le ventre de sa maman, car le kangourou gris est un marsupial.

## Que mange-t-il ?

Le kangourou gris mange des herbes et les feuilles de divers végétaux qu'il choisit délicatement. Toutefois, tant qu'il est dans la poche ventrale, le bébé ne boit que le lait de sa maman.

**Le bébé s'attache pendant 2 mois à une mamelle au fond de la poche de sa maman. Vers 6 mois, il peut en sortir, mais il ne quittera ce nid naturel qu'à l'âge de 11 mois.**

### Fiche d'identité

De 35 à 90 kg

De 1,30 à 1,80 m

Où vit-il ?

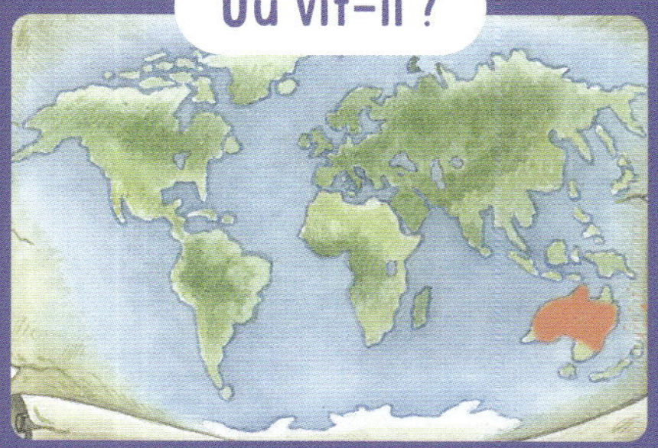

**Fiche d'identité**

Jusqu'à 14 kg

Jusqu'à 85 cm

Où vit-il ?

# LE KOALA

**Le koala boit rarement. Il extrait toute sa boisson des feuilles d'eucalyptus qu'il mange. Le koala est un marsupial, c'est-à-dire que son bébé se développe dans une poche du ventre de sa mère.**

## Où vit-il ?

Le koala habite les forêts d'eucalyptus d'Australie. Il grimpe très bien, mais lentement, aux arbres. Ce mammifère se nourrit essentiellement de feuilles d'eucalyptus.

## Pourquoi est-il menacé ?

Le koala est très menacé à cause de la destruction des forêts d'eucalyptus. Elles sont soit coupées pour la production de bois, soit rasées par de violents incendies. Le koala a aussi été beaucoup chassé pour sa fourrure, douce et épaisse.

## Comment peut-on le sauver ?

La seule manière de sauver cet animal paisible, en grand danger d'extinction, est de protéger les dernières forêts d'eucalyptus. Le koala ne peut vivre en dehors de ces forêts.

# LE CROCODILE MARIN

## Fiche d'identité

Plus d'1 t Jusqu'à 7,60 m

Où vit-il ?

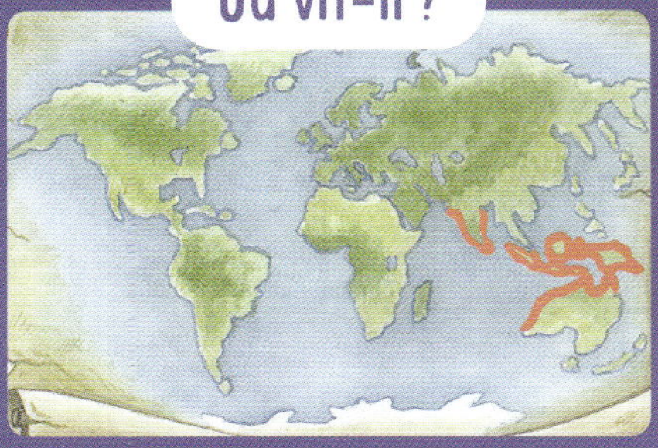

**Le crocodile marin est un reptile dangereux, qui cause beaucoup d'accidents, car il attaque l'homme. La femelle garde le nid dans lequel elle a pondu ses œufs.**

## Qui est-il ?

Le crocodile marin est le plus grand des crocodiles actuels. Grâce à ses quatre pattes et sa queue puissantes, il rampe et nage très rapidement. Son corps est recouvert de grosses écailles très dures qui le protègent.

## Où vit-il ?

Ce gros reptile habite les estuaires et les côtes de l'Asie tropicale et de l'Australie, mais aussi les fleuves et les rivières. Il aime les rives boueuses des eaux saumâtres.

## Comment vit-il ?

Le crocodile marin passe beaucoup de temps dans l'eau, où il chasse et se repose. Il se nourrit de poissons, de singes, de sangliers, de buffles et de tout animal imprudent.

# LE DiABLE DE TASMANiE

### Fiche d'identité

Jusqu'à 8 kg

Jusqu'à 65 cm de longueur

## Pourquoi l'appelle-t-on ainsi ?

Ses mâchoires sont très puissantes, son hurlement dans la nuit donne des frissons, il sent très mauvais et il a très mauvais caractère !

## À quelle famille appartient-il ?

Avec son pelage noir et sa grosse truffe, le diable de Tasmanie ressemble à un gros chien. Pourtant, c'est un marsupial, c'est-à-dire un cousin du kangourou.

## Comment vit-il ?

Le diable de Tasmanie vit en solitaire dans les forêts, les broussailles et les cultures. Comme chez les autres marsupiaux, le bébé grandit d'abord dans une poche située sous le ventre de la mère.

## Un grand gourmand

**Très vorace, ce redoutable prédateur mange des animaux morts, mais il capture aussi des animaux aussi gros que des moutons.**

# LE WOMBAT

### Fiche d'identité

Jusqu'à 39 kg

De 1 à 1,30 m de longueur

Où vit-il ?

## Qui est-il ?

Avec sa tête ronde, son corps trapu et sa fourrure, le wombat ressemble à une grosse marmotte ou à un ourson, mais c'est un mammifère marsupial, comme le kangourou.

## Que mange-t-il ?

Le wombat ne se nourrit que de végétaux, comme des herbes, des racines et des fruits. Il aime aussi les écorces tendres.

## Où vit-il ?

Le wombat habite en solitaire dans les landes et les zones broussailleuses, où il se creuse un profond terrier grâce à ses griffes puissantes. Il s'active surtout la nuit, mais l'hiver, il aime se chauffer au soleil.

## Seulement tous les 2 ans

**La femelle wombat ne donne naissance qu'à un petit tous les 2 ans. Le nouveau-né reste 6 mois dans la poche située sous le ventre de sa mère.**

# L'ÉMEU

## Fiche d'identité

Jusqu'à 55 kg

Jusqu'à 1,90 m de hauteur

Où vit-il ?

## Qui est-il ?

L'émeu est un très gros oiseau. Ses longues pattes lui permettent de courir très vite, jusqu'à 70 km/h. Par contre, ses ailes sont minuscules et il ne peut pas voler.

## Où vit-il ?

L'émeu habite les forêts sèches et les steppes broussailleuses. Nomade et infatigable marcheur, il parcourt chaque jour entre 10 et 20 km dans son territoire.

## Pourquoi ses plumes sont-elles si nombreuses ?

Cet oiseau vivant dans des milieux très chauds, son plumage comporte plusieurs couches qui le protègent des températures excessives.

### Dénicheur de nourriture

**Il passe la plupart de son temps à chercher sa nourriture, des graines, des plantes, des fruits, des insectes ou de petits animaux. L'émeu vit seul ou en couple.**

# L'ORNiTHORYNQUE

## Fiche d'identité

Jusqu'à 2,5 kg

Jusqu'à 50 cm

Où vit-il ?

## Qui est-il ?

C'est le plus étrange des mammifères ! L'ornithorynque a un museau en forme de bec de canard et une queue plate. En plus, il pond des œufs et ses pattes postérieures palmées portent un aiguillon venimeux dont la piqûre est très douloureuse !

## Comment vit-il ?

Solitaire, nocturne et excellent nageur, l'ornithorynque passe son temps dans l'eau. Il se nourrit de petits animaux aquatiques.

## Où vit-il ?

On le trouve depuis les forêts tropicales jusqu'aux froides prairies de montagne, mais l'ornithorynque habite uniquement les petites rivières rapides. Il creuse un profond terrier dans une berge.

### Comme un oiseau

**La femelle pond de 1 à 3 œufs dans son terrier, puis les couve comme un oiseau.**

# LES ANiMAUX DES MERS ET DES OCÉANS

# LA BALEINE BLEUE

## Fiche d'identité

Jusqu'à 190 t

De 20 à 33,60 m

Où vit-elle ?

La baleine bleue n'est pas bleue, mais plutôt grise. Les baleines poussent des cris très puissants, que l'on appelle « chants ». Elles sont en voie de disparition.

## Qui est-elle ?

Malgré sa queue qui ressemble à celle d'un poisson et ses grandes nageoires, la baleine bleue n'est pas un poisson, mais un mammifère. C'est le plus gros animal de la Terre. Sa couche de graisse épaisse la protège des eaux froides.

## Comment vit-elle ?

La baleine bleue habite surtout les mers froides et même polaires. Elle vient souvent respirer à la surface grâce à un orifice situé derrière sa tête : l'évent.

## Que mange-t-elle ?

Sa gueule est immense, mais elle n'a pas de vraies dents. Avec ses grands fanons, la baleine bleue capture des crevettes (krills) et avale 3 à 4 t de plancton par jour.

Fiche d'identité

Jusqu'à 3 t

De 4 à 6 m, et jusqu'à 7,10 m

Où vit-il ?

# LE GRAND REQUIN BLANC

Le grand requin blanc attaque rarement les hommes. La plupart des accidents sont dûs au fait que le requin confond l'homme avec ses proies favorites. Les requins sont menacés par une pêche intensive pour leurs ailerons.

## Qui est-il ?

Le grand requin blanc est l'un des plus grands poissons prédateurs vivants. Son corps est fuselé et sa nageoire dorsale a la forme d'un aileron triangulaire. Sa gueule est armée de dents aiguisées longues de 7,6 cm.

## Où vit-il ?

Solitaire, le grand requin blanc habite dans les eaux bordant les côtes des océans tempérés et tropicaux, et peut plonger jusqu'à 1 800 m de profondeur. Il n'aime pas les eaux trop chaudes

## Que chasse-t-il ?

Son appétit est énorme. Grâce à son odorat très développé, le grand requin blanc capture tous les animaux qui passent à portée de ses mâchoires. Il mange essentiellement des otaries, des lions de mer et des dauphins.

# LE GRAND DAUPHiN

## Qui est-il ?

Le grand dauphin est un mammifère de couleur grise, au corps fuselé avec une nageoire horizontale sur le dos. Il vit en groupe et est très intelligent.

## Comment vit-il ?

Pour s'exprimer, le grand dauphin émet une grande variété de sifflements et de « clics ». Ses sifflements proviennent des cordes vocales situées près de l'évent. Cet évent, une ouverture sur le sommet de son crâne, lui sert à respirer et il doit remonter régulièrement à la surface pour faire le plein d'air.

## Comment est sa bouche ?

La bouche du grand dauphin est une espèce de bec aplati, appelé « rostre », garni de 80 à 100 dents par mâchoire.

## Un grand acrobate

**Le grand dauphin est sociable et aime jouer. En effet, il suit les navires, plonge dans leur sillage pour remonter ensuite à la surface en faisant des bonds et des pirouettes.**

## Fiche d'identité

De 200 à 400 kg

De 2 à 4 m

Où vit-il ?

# L'ORQUE

**Fiche d'identité**

Jusqu'à 7 t 9,80 m

**Où vit-elle ?**

**L'orque est une excellente nageuse (elle peut atteindre une vitesse de 38 km/h) et produit des sons qui lui servent à maintenir le contact avec les autres orques.**

## Qui est-elle ?

L'orque est un mammifère vivace et intelligent. Elle a une peau lisse et noire avec des taches blanches au-dessus des yeux et sur le ventre. Sa nageoire dorsale mesure 2 m de longueur.

## Comment chasse-t-elle ?

L'orque possède différentes techniques de chasse. L'une d'elles consiste à se jeter sur la plage pour attraper les jeunes otaries venant de naître.

## Comment vit-elle ?

L'orque vit en bande de 5 à 50 individus. Pendant la chasse, les orques sont très solidaires entre elles.

# LA TORTUE LUTH

## Fiche d'identité

Jusqu'à 900 kg

Jusqu'à 2,45 m

Où vit-elle ?

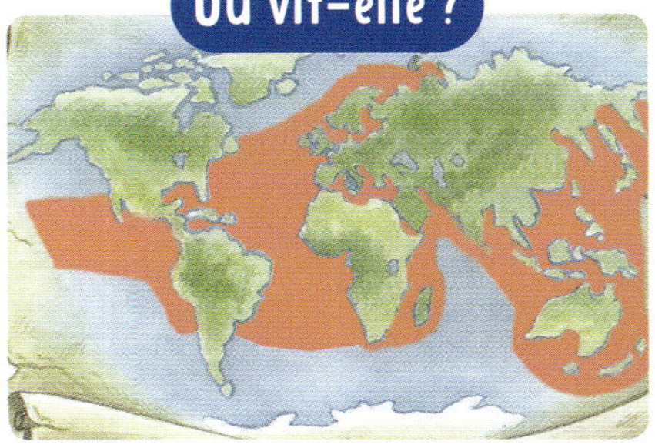

La tortue luth est une espèce très menacée. Beaucoup de tortues meurent en avalant des sacs en plastique, qu'elles confondent avec leurs méduses préférées.

## Qui est-elle ?

La tortue luth est une tortue marine. Sa carapace, la plus grande des tortues vivantes, n'est pas dure, mais recouverte d'une épaisse peau ressemblant à du cuir. Ses pattes ont la forme de puissantes nageoires.

## Que mange-t-elle ?

La tortue luth consomme des petits calamars, des crabes et surtout de grandes quantités de méduses. Elle est insensible à leur venin.

## Comment vit-elle ?

La tortue luth vit dans tous les océans, en pleine mer et près des côtes. Elle pond sur certaines plages des tropiques. C'est une excellente nageuse.

# LA RAiE MANTA

**Fiche d'identité**

De 1,2 à 1,4 t

Jusqu'à 8 m de large

**Où vit-elle ?**

**La raie manta est aussi appelée « diable de mer », mais elle est totalement inoffensive pour l'homme.**

## Qui est-elle ?

La raie manta est la plus grosse des raies. Chez ces poissons, comme chez les requins, le squelette formé notamment d'arêtes n'est pas en os, mais en cartilage. Les yeux sont placés sur la face supérieure du corps, et la gueule s'ouvre dessous.

## Comment vit-elle ?

La raie manta habite les eaux chaudes des océans Atlantique, Indien et Pacifique. Elle chasse les autres poissons près de la surface. Elle fait souvent de grands bonds hors de l'eau.

## Comment nage-t-elle ?

Cette raie avance dans l'eau en agitant lentement, comme des ailes, ses grandes nageoires aussi longues que son corps. Sa fine queue lui sert de gouvernail. Elle peut se terminer par un aiguillon venimeux défensif.

# LE POULPE

Fiche d'identité

De 10 à 20 kg

De 1 à 2 m

Où vit-il ?

## Qui est-il ?

Le poulpe est un mollusque céphalopode avec une très grosse tête. Il n'a pas de coquille extérieure ni intérieure, comme ses cousines les seiches. De sa bouche partent 8 tentacules munis d'1 ou 2 séries de ventouses.

## Comment chasse-t-il ?

Il utilise ses tentacules pour ramper et capturer ses proies, et jette un liquide noir (de l'encre) pour échapper à ses ennemis.

## Comment ses petits naissent-ils ?

Au printemps, la femelle, pendant l'incubation (4-5 mois), garde les longs cordons d'œufs qui sont attachés aux rochers. Elle meurt après les avoir gardés sans se nourrir.

### Poulpe timide

**Le poulpe est timide, et mène une vie solitaire. Il se retire dans les trous ou dans les crevasses des fonds marins près des côtes, où il trouve le repos et la sécurité.**

# LE THON ROUGE

## Fiche d'identité

300 à 400 kg, jusqu'à 685 kg

De 2 à 3 m, et jusqu'à 4,60 m

**Où vit-il ?**

## Qui est-il ?

Le thon rouge est un gros poisson au corps très effilé dans sa partie postérieure. Sa queue a une forme de demi-lune. Sa peau varie du gris au bleu.

## Comment vit-il ?

Le thon rouge, infatigable nageur, est un prédateur insatiable. Il n'aime pas la solitude et se déplace toujours en groupes très importants.

## Qu'est-ce que la « senne » ?

La senne est une installation qui est utilisée pour la pêche au thon. Elle est formée de nombreux filets reliés les uns aux autres. Le thon rouge est désormais une espèce menacée par la pêche intensive dont elle fait l'objet.

## Une petite tête

**La bouche et la tête effilée du thon rouge ne sont pas très grandes. Ses dents sont petites, pointues et robustes, disposées sur une seule rangée.**

# LE POISSON NAPOLÉON

Le poisson Napoléon vit très longtemps, plus de 30 ans. Il se reproduit tardivement, à l'âge de 5 à 7 ans. Il consomme mollusques, oursins et crustacés, dont il peut briser la coquille avec ses mâchoires.

## Où vit-il ?

Le poisson Napoléon est l'un des plus gros poissons habitant les grands récifs de corail des mers chaudes. Il se cache dans des grottes.

## Pourquoi est-il menacé ?

Gros et lourd, le poisson Napoléon est victime d'une pêche excessive pour sa chair et ses mâchoires, qui se vendent très cher. Cette espèce est protégée, mais elle est toujours capturée par des braconniers.

## Comment peut-on le sauver ?

Le commerce de ce poisson est contrôlé depuis 2004, mais seule l'interdiction de sa pêche dans de vastes régions permettra aux populations de prospérer.

### Fiche d'identité

Jusqu'à 198 kg

Jusqu'à 2,30 m

Où vit-il ?

# L'ESTURGEON D'EUROPE

## Fiche d'identité

Jusqu'à 450 kg

De 2 à 3 m, et jusqu'à 3,50 m

Où vit-il ?

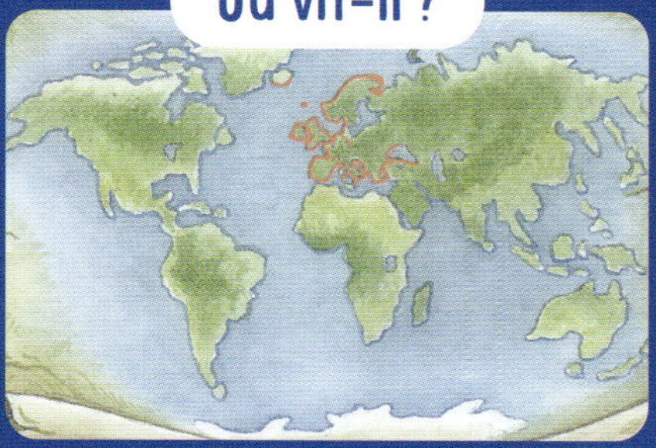

L'esturgeon d'Europe est très menacé, car les femelles sont capturées avant la ponte pour leurs milliers d'œufs : c'est le caviar. L'espèce est désormais protégée.

## Qui est-il ?

L'esturgeon d'Europe est un gros poisson sombre, que l'on reconnaît à ses flancs garnis de rangées de plaques osseuses et à sa tête pointue prolongée par un rostre, une sorte de bec.

## Où habite-t-il ?

L'esturgeon d'Europe est un poisson marin qui, depuis les estuaires, remonte les grands fleuves aux courants lents et aux fonds vaseux pour venir pondre dans les eaux douces.

## Que mange-t-il ?

Grâce à son rostre et à sa bouche allongée dépourvue de dents, l'esturgeon d'Europe fouille la vase à la recherche de vers et surtout de petits crustacés et coquillages.

# LE DUGONG

## Comment le reconnaît-on ?

Ce gros mammifère marin possède un corps fuselé, terminé par une queue, des pattes avant en forme de rames, et un museau prolongé par une trompe courte.

## Où vit-il ?

Strictement marin, le dugong habite les eaux chaudes peu profondes des rivages tropicaux. Il affectionne les zones sableuses riches en végétation.

## Que mange-t-il ?

Le dugong est un herbivore qui broute les herbes marines. Cette habitude lui a valu son surnom de « vache de mer ». Il lui faut environ 30 kg de nourriture par jour !

### Nage en détente

**Le dugong vit en petits groupes. Il nage lentement entre la surface et 10 m de profondeur. Cet animal placide est très menacé par la pêche.**

### Fiche d'identité

Jusqu'à 1 t

Jusqu'à 4,05 m de longueur

Où vit-il ?

# LE POiSSON MARCHEUR

## Fiche d'identité

Quelques grammes — Quelques cm

Où vit-il ?

## Comme un périscope

**Les yeux de ce poisson sont globuleux et mobiles. Il peut ainsi surveiller son environnement. Son nom scientifique, le « périophtalme », fait allusion à ses yeux mobiles qui fonctionnent comme un périscope.**

## Qui est-il ?

Le poisson marcheur se voit très souvent en train de marcher ou de sauter avec agilité sur les vasières découvertes à marée basse et les branches des palétuviers. Il peut rester deux jours hors de l'eau grâce à ses poumons.

## Que mange-t-il ?

Ce petit poisson très vif et rapide se nourrit de petites crevettes, d'insectes ou de petits vers qu'il capture sur la vase.

## Où vit-il ?

Le poisson marcheur est très commun sur les côtes asiatiques boueuses bordées par les eaux chaudes des océans Indien et Pacifique. Il vit surtout dans les vasières, les mangroves et les bords vaseux des estuaires.

# Index par milieu

## DÉSERT

## GLACES

## MONTAGNE

## FORÊT ET PRAIRIE

## SAVANE

## MERS ET OCÉANS

## JUNGLE

## LACS ET FLEUVES